O GRANDE RESET 2021-2030 EXPOSTO!

Passaportes de Vacinas e Microchips 5G, Mutações COVID-19 ou A Próxima Pandemia?

Agenda WEF - Construir Melhor - O Acordo Verde Explicado

Rebel Press Media

Isenção de responsabilidade

Nossos outros livros

Confira nossos outros livros para outras notícias não relatadas, fatos expostos e verdades desmascaradas, e muito mais.

Junte-se ao exclusivo Rebel Press Media Circle!

Você receberá uma nova atualização sobre a realidade não relatada, entregue em sua caixa de entrada todas as sextas-feiras.

Inscreva-se aqui hoje:

https://campsite.bio/rebelpressmedia

Introdução

Toda a humanidade é submetida à maior e mais perigosa experiência científica de todos os tempos.

Na primavera, uma possível ligação entre 5G e o coronavírus foi descartada na mídia como uma teoria da conspiração. Entretanto, uma equipe de cientistas italianos, americanos e russos publicou um estudo no qual eles mostram que o 5G de fato transforma células de pele humana em uma grande antena. As ondas eletromagnéticas de 5G milímetros podem ser transmitidas pelas células da pele a outras células, desempenhando assim um papel importante na produção do coronavírus.

5G permite que estruturas semelhantes a vírus sejam incorporadas em células humanas

Na "tecnologia 5G e incorporação do coronavírus nas células da pele", os cientistas apontam que o DNA humano consiste de elétrons e átomos carregados e tem uma estrutura semelhante à de um indutor. Os indutores respondem a ondas eletromagnéticas externas, e também se movem e produzem algumas ondas adicionais dentro das células.

Estas ondas são semelhantes às bases hexagonais e pentagonais de sua fonte de DNA. Estas ondas produzem uma série de furos em fluidos dentro do núcleo (núcleo celular). Para preencher estas lacunas, são produzidas bases hexagonais e pentagonais adicionais, que podem se combinar umas com as outras e formar estruturas semelhantes a vírus, como o coronavírus.

Para produzir estes vírus em uma célula, é necessário que o comprimento de onda das ondas externas seja menor do que o tamanho da célula. Desta forma, ondas de 5G milímetros podem ser um bom candidato para construir estruturas semelhantes a vírus, como a Covid-19 em células humanas.

Toda a humanidade submetida à maior experiência já realizada

Os produtores de 5G dizem que os feixes de alta freqüência são muito fracos para penetrar no corpo humano, e que não há provas científicas duras de qualquer efeito adverso importante sobre nossa saúde.

Entretanto, as evidências científicas circunstanciais estão se acumulando, mas não são (ainda?) aceitas, muito provavelmente devido a grandes interesses comerciais, e presumivelmente também porque 5G faz

parte de uma agenda ideológica e geopolítica para
colocar toda a população mundial sob controle total.

Com 5G em combinação com vacinas corona
desenvolvidas apressadamente, mal testadas mas já
adquiridas, toda a humanidade está sem dúvida exposta
ao maior e de longe o mais perigoso experimento
científico de todos os tempos, e isso com o
consentimento de quase todos os governos. Portanto,
também a este respeito, nossa sociedade está sendo
transformada em um grande campo de concentração.

O que constitui um vírus?

Que um vírus não é um organismo vivo, mas
meramente um pacote de informações de DNA/RNA -
que, portanto, parece ser capaz de ser ativado ou
afetado por ondas eletromagnéticas externas.

"O DNA ou RNA sem uma célula hospedeira é como um
corpo sem um cérebro. Ele está morto. Ele faz e não
pode fazer nada. Tampouco pode sobreviver.
Encapsulado em proteínas, ele ainda pode flutuar de A
a B, mas só pode fazê-lo em completa escuridão. Na
minúscula luz UV, o DNA ou RNA desaparece e ele se
decompõe".

Tabela de Conteúdos

Capítulo 1: A implantação

*Os governos querem fazer passar a 5G porque ela
permite que os cidadãos sejam rastreados e
monitorados 24 horas por dia, 7 dias por semana, 365
dias por ano.*

O número de cientistas que têm grandes reservas sobre
a introdução do 5G está crescendo constantemente. O
professor epidemiologista britânico John William Frank,
da Universidade de Edimburgo, está pedindo que a
introdução do 5G em todo o mundo seja suspensa por
enquanto, até que tenha sido confirmado e provado
independentemente que a tecnologia é segura e não
representa perigo para a saúde Até agora, os governos
têm confiado quase que exclusivamente em estudos
das (ou patrocinados pelas) grandes empresas de
tecnologia, e é claro que eles nunca colocarão em risco
seus lucros de bilhões de dólares rejeitando seus
próprios produtos.

O professor Frank não é contra a 5G, mas ele acha que
muito pouca pesquisa foi feita sobre ela. É por isso que
ele argumenta que é melhor errar por precaução, e
congelar a implantação dos novos sistemas móveis de
tráfego de dados por enquanto.

**Há muito mais antenas e muito mais radiação de
campos eletromagnéticos.**

Frank, como muitos outros acadêmicos, escreve no Journal of Epidemiology & Community Health que a principal ameaça de 5G é a densidade maciça de antenas necessária para estas frequências extremamente altas. A cada poucos postes de luz, uma nova antena deve ser colocada, expondo as pessoas a ainda mais radiação eletromagnética (CEM). Uma comissão federal de especialistas nos Estados Unidos reconheceu os danos à saúde que as redes existentes, tais como 4G e WiFi, podem causar.

Apesar disso, quase nenhuma pesquisa epidemiológica confiável sobre o impacto de 5G na saúde humana foi realizada, de acordo com o professor. Além disso, 5G emprega não apenas frequências consideravelmente mais altas, mas também uma tecnologia de suporte inteiramente nova para lidar com volumes maciços de dados. Para que 5G funcione, bilhões de antenas e amplificadores de sinal devem ser colocados a cada 100 a 300 metros ao redor do planeta. Os próximos satélites 3.236 5G da Amazon, assim como os 12.000 a 30.000 Elon Musk planejam implantar em órbita, logo cobrirão áreas onde as antenas não são concebíveis.

Um número crescente de engenheiros, cientistas e médicos em todo o mundo está incitando os países a elevar seus padrões de segurança RF-EMF, encomendar mais e melhores pesquisas e interromper novos aumentos de exposição pública até que haja evidências mais fortes de que é seguro".

O princípio de precaução dita que o desdobramento de 5G seja interrompido.

O professor Frank não está convencido de que a 5G e outros campos eletromagnéticos sejam prejudiciais à saúde e ao meio ambiente, apesar do fato de que a OMS e uma série de especialistas em tecnologia afirmam o contrário. Ele acredita que a propagação do 5G deve ser interrompida imediatamente devido ao "princípio da precaução". Não se deve correr riscos desnecessários quando se trata de saúde humana. Essa premissa deveria ser motivo suficiente para "declarar uma proibição dessa (5G) exposição, enquanto se aguarda uma investigação científica adequada sobre os alegados riscos à saúde".

Ele continua explicando que não há necessidade de lançar 5G a uma velocidade rápida em termos de saúde pública e segurança. Isto está sendo feito principalmente porque a nova tecnologia proporcionará um impulso significativo para a indústria de Big Tech. Com a rede 4G existente, os consumidores não têm falta de conexões de dados móveis rápidas.

Os governos querem que a 5G seja implementada o mais rápido possível para que haja um controle global completo.

Frank negligencia acrescentar que os governos são tão investidos em 5G quanto os gigantes da tecnologia e da mídia. A Fundação Bill & Melinda Gates e o braço de desenvolvimento tecnológico do Pentágono, DARPA, se uniram à empresa de tecnologia Profusa para desenvolver um biosensor nanotecnológico implantável feito de hidrogel (uma substância semelhante a uma lente de contato macia) que pode ser injetado ao lado de uma vacina e aplicado logo abaixo da pele, onde realmente se funde com seu corpo. Todas as informações sobre você, seu corpo e sua saúde podem ser controladas remotamente graças ao componente nanotech.

Como resultado, 5G permite um sistema de controle totalitário global com o qual as ditaduras do passado só poderiam sonhar. Ele permitirá que a localização, movimentos e ações de qualquer pessoa - e, num futuro não muito distante, pensamentos e emoções - sejam rastreados, monitorados e manipulados 24 horas por dia, sete dias por semana, enquanto todas as informações pessoais, como o status da vacinação e saldos bancários, serão imediatamente acessíveis. Inúmeras câmeras de vigilância com reconhecimento facial e verificações de status de crédito social estão ligadas a este sistema, assim como o sistema Microsoft (com patente no. 2020-060606) que converte seu próprio corpo em um meio de pagamento (e prova de identificação/vacinação) que já está em fase de teste.

Segundo alguns, uma distância de pelo menos um metro e meio é necessária para que este sistema funcione corretamente, pois os sinais podem ser interrompidos se os corpos estiverem muito próximos uns dos outros. Não está claro se isto é verdade, mas sem distanciamento social, as câmeras de vigilância (e até mesmo os smartphones) terão muito mais dificuldade para varrer todas as testa em uma multidão em tempo real para a presença da enzima fluorescente M-Neongreen / Luciferase, a marca injetada que no futuro poderá servir como prova de que você foi devidamente vacinado e assim ter acesso à sociedade.

Existe uma teoria de conspiração?

Considerando que vários cientistas e outros profissionais afirmaram durante meses que 1,5 metros não faz diferença na suposta transmissão de um vírus, já é hora de mais pessoas se perguntarem por que a "separação social" deve continuar a ser imposta sem interrupção. Infelizmente, certas teorias de conspiração estranhas, como a de que 5G desencadearia o coronavírus, e atos terríveis, como incendiar torres de transmissão, poluíram preocupações reais para 5G (intencionalmente?).

Políticos, a indústria tecnológica e todos os meios de comunicação e revistas que confiam uns nos outros de alguma forma invariavelmente afirmam que todas elas são "teorias da conspiração", mas quando até a venerável Scientific American publicou um artigo em 17 de outubro de 2019, com o título "Não temos motivos para acreditar que 5G é seguro - Ao contrário do que algumas pessoas dizem, pode haver riscos à saúde".

Capítulo 2: Biosensores nanotecnológicos 5G

O biosensor nanotecnológico 5G implantável já em 2021 nas vacinas Covid-19" A humanidade evoluindo para o transhumano no futuro está integrada ao sistema de controle digital global.

A DARPA, braço de desenvolvimento tecnológico do Pentágono, e a Fundação Bill e Melinda Gates estão trabalhando com a Profusa para desenvolver um biosensor nanotecnológico implantado construído de hidrogel (substância similar a uma lente de contato macia). Este biosensor, que tem aproximadamente o tamanho de um grão de arroz, é injetado com uma vacina e colocado logo abaixo da pele, onde se mistura com seu corpo. Através do 5G, o componente nanotech permite o monitoramento remoto de todas as informações sobre você, seu corpo e sua saúde.

É provável que a FDA aprove o biosensor, que também pode receber informações e comandos, no início de 2021, bem a tempo para a campanha global planejada da vacina Covid-19.

Em março, a DefenseOne informou sobre um biosensor hidrogenado que é "inserido sob a pele com uma agulha hipodérmica". Ele contém, entre outras coisas, uma molécula especificamente projetada que emite um sinal fluorescente uma vez que o corpo começa a combater uma infecção. Este sinal é detectado pelo componente eletrônico ligado à (/in) pele, que posteriormente transmite um aviso para um médico, um website, ou uma agência governamental. É basicamente um laboratório de sangue baseado na pele que pode detectar a resposta do corpo a doenças, mesmo antes do aparecimento de outros sinais como tosse".

Todos os processos fisiológicos são monitorados por biossensores e transmitidos por mais de 5G.

O biosensor não será percebido como um intruso pelo corpo e atacado como resultado de seu uso de hidrogel, mas, em vez disso, se integrará a ele. O sensor também pode rastrear seus níveis hormonais, freqüência cardíaca, respiração, temperatura corporal, vida sexual, emoções e qualquer outra coisa, de acordo com o fabricante. Todos estes dados serão entregues em breve a todas as autoridades médicas e governamentais via 5G.

A Profusa está agora trabalhando em um estudo com o Colégio Imperial, que se tornou famoso por suas previsões ridículas de desgraça sobre o Covid-19, que rapidamente se provou serem completamente falsas. O bloqueio, o isolamento social e o colapso parcial da economia, bem como a remoção de muitas liberdades civis, foram todos fundamentados neles.

O ser humano transhumano está integrado ao sistema de controle digital global

O biosensor, que pode portanto ser incorporado às vacinas Covid-19 já em 2021, chega muito perto de realizar a aspiração de um humano trans-humano, no qual todos são totalmente controláveis e até mesmo orientáveis. O "novo humano", ou o humano 2.0 como previsto pela elite tecnológica em torno de Bill Gates e Elon Musk, será gradualmente transformado em uma espécie de ciborgue entre agora e 2025-2030, e se tornará parte integrante - e portanto irreversível - de um sistema de controle digital global, no qual as liberdades pessoais terão desaparecido completamente, e até mesmo o livre arbítrio humano terá sido tirado.

Capítulo 3: Protestos de Passaporte de Vacina

Mais de 70 parlamentares se mobilizam contra esta "abominável armadilha".

Em uma carta aberta ao Primeiro Ministro Boris Johnson, mais de 1.200 líderes cristãos britânicos lhe pediram para não adotar passaportes de teste e vacinação.

Na verdade, eles o rotulam como "a proposta mais perigosa de todos os tempos", já que se trata de "uma forma de pressão antiética" para forçar as pessoas a serem testadas ou vacinadas contra a Covid-19.

Várias denominações, incluindo anglicana e católica, têm líderes na igreja. Eles acreditam que os passaportes de teste e vacinas são os precursores de um "estado de vigilância", um estado de controle totalitário, e que eles porão um fim ao que resta da democracia liberal.

O governo de Londres afirma que nenhuma decisão final foi alcançada, mas todos os indicadores apontam para que estes passaportes de teste/vacinação cheguem em breve, assim como fizeram na Europa.

Inicialmente serão comercializados como um passaporte para mais "liberdade" (catering, eventos, compras, etc.), mas à medida que se tornarem mais prevalecentes, as normas se tornarão cada vez mais rigorosas, acabando por eliminar completamente as pessoas não testadas e não vacinadas da sociedade.

Apartheid médico" é um termo usado para descrever um sistema de discriminação médica.

Segundo os líderes da igreja, tais passaportes resultam em "apartheid médico". Ele estabelece um estado de vigilância no qual o governo controla certas partes da vida dos cidadãos através da tecnologia. No decorrer de alguns anos, esse "certo" ameaça ser expandido para TODAS as áreas.

Esta é uma das idéias políticas mais perigosas já feitas na história da política britânica", advertem os líderes das igrejas, que enfatizam que nunca negarão àqueles sem tal passaporte o acesso às suas igrejas, independentemente da decisão do governo.

"Discriminação" e "armadilha horrível" são duas palavras que me vêm à mente.

Mais de 70 legisladores britânicos protestaram abertamente contra os passaportes de teste/vacinação planejados no início deste mês. Eles afirmam que a necessidade de apresentar tal prova para entrar em um bar, por exemplo, é discriminatória. Isso também cria outras divisões sociais. (Em qualquer caso, toda a abordagem do Ocidente é baseada em "dividir para reinar").

17

O deputado conservador Steve Baker até chamou esses passaportes de "uma armadilha desagradável". O líder trabalhista Sir Keir Starmer expressou "grande alarme" sobre esta nova forma de discriminação que se aproxima.

Capítulo 4: Golpes de matança?

As baixas concentrações de proteína spike já alteraram os sistemas respiratório e imunológico das pessoas vacinadas - Indicações de que as pessoas vacinadas podem ser um perigo para os indivíduos não vacinados estão se tornando mais fortes -

Um governo que se preocupa com sua saúde suspenderia imediatamente as vacinas.

As críticas às vacinas Covid-19 também estão inchando a partir da ciência ativa estabelecida.

O Dr. Lee Makowski, presidente do departamento de bioengenharia da Universidade Northeastern, adverte na revista Viruses que há evidências crescentes de que a proteína spike, que é produzida pelo corpo humano sob as instruções de TODAS as vacinas corona, pode causar grandes danos à saúde e até mesmo a morte.

Políticos, mídia e agências como o CDC e o WHF afirmam que a proteína spike é "inofensiva", e as vacinas Covid que fazem com que o organismo produza esta proteína são "seguras".

No entanto, um número crescente de cientistas ativos estabelecidos está vendo mais e mais provas e provas de que exatamente o oposto é verdadeiro.

"Danos, infecções graves e morte por estas vacinas?

19

O título do artigo do Dr. Makowski na revista Viruses diz tudo:

As vacinas Covid projetadas para criar imunidade à proteína spike causam danos, infecções graves e morte?

Os pesquisadores descobriram que mesmo em baixas concentrações, a proteína spike induz mudanças genéticas no trato respiratório e afeta diretamente a resposta do sistema imunológico a inflamações e vírus. De fato, segundo o Dr. Makowski, parece que apenas a proteína spike é responsável pelos agora infames coágulos sanguíneos, ao invés do (suposto) vírus SARS-CoV-2 em si.

Se isto for confirmado por mais cientistas, então as vacinas Covid-19 - que independentemente de seu modo de ação (mRNA, adenovírus/vírus vetor, DNA) todas codificam a proteína spike - são ainda mais perigosas para a saúde humana do que os cientistas críticos já suspeitavam desde o ano passado.

As pessoas vacinadas estão se tornando pontos de infecção ambulante?

Além disso, está se tornando plausível que o Dr. Lee Merritt pode muito bem estar certo, e a proteína do espigão produzido nas pessoas vacinadas é transmissível a outros. Em outras palavras, as pessoas vacinadas tornam-se fábricas de espigões andantes, e assim poderiam também infectar pessoas não vacinadas com uma doença auto-imune nociva e potencialmente mortal.

Os cientistas do Sloan Kettering Institute soam outro aviso, igualmente terrível: o mRNA nas vacinas pode causar a supressão de proteínas que impedem o desenvolvimento do câncer. Assim, as vacinas Covid aumentam o risco de contrair câncer.

O Dr. Whelan da UCLA alertou a FDA sobre sérios danos à saúde

Em dezembro de 2020, o Dr. J. Patrick Whelan da UCLA advertiu a FDA dos EUA que a "proteína de pico viral que é o alvo das importantes vacinas Covid é também uma das principais substâncias que causam danos a órgãos mais distantes, possivelmente incluindo o coração, pulmões e rins".

O Dr. Whelan explicou que não é o vírus, mas a proteína spike que é responsável por algumas pessoas terem uma recuperação tão difícil da Covid-19, e muitas vezes continuarem a ter problemas de saúde a longo prazo, incluindo problemas cardíacos.

Isto porque a proteína do pico se liga aos receptores ACE-2 no coração, e também no cérebro e em outros órgãos como o fígado e os rins. Isto pode danificar até mesmo os menores vasos sanguíneos.

Whelan deixou claro para a FDA que o pico de proteína "dentro" das vacinas causa sérios problemas de saúde.

Patologistas e dentistas também apontam o pico de proteína como um culpado

O Dr. Richard Vander Heide, professor de patologia na Universidade Estadual de Louisiana, realizou autópsias em mortes por Covid-19 e chegou à mesma conclusão: os coágulos de sangue, que alguns dos falecidos estão cheios, são causados pela proteína do espigão.

As pessoas com excesso de peso estão especialmente em risco, pois freqüentemente sofrem de inflamação crônica.

Até mesmo os dentistas estão soando o alarme. Eles vêem pacientes anteriormente saudáveis agora recebendo inflamação gengival, e pensam que a proteína do espigão é o culpado.

A Pfizer está até fazendo experiências com crianças, bebês e crianças de colo

Um médico californiano de 40 anos de idade descreveu a primeira dose da vacina Pfizer em uma paciente como "matando o feto", fazendo com que a mulher abortasse seis dias depois.

Enquanto isso, o fabricante de vacinas Pfizer continua a demonstrar que não tem mais limites éticos.

Até mesmo crianças estão agora sendo usadas como cobaias para suas "vacinas" experimentais de terapia genética. Uma criança de dois anos já morreu devido a isso.

Conhecido há anos que o mRNA pode ser inalado

Sabe-se há anos que o mRNA pode ser exalado e inalado, e desta forma pode servir como uma vacina passiva. Isto significa que a proteína Covid spike, que é produzida pelo corpo humano após ter sido vacinada, pode escapar pela respiração e infectar pessoas não vacinadas", pergunta o Dr. Mark Sircus, professor de oncologia natural.

É um pensamento terrível que os lunáticos que criaram o vírus com experimentos de "ganho de função" estão indo de mãos dadas com lunáticos similares da indústria farmacêutica que estão usando sua vacina para espalhar proteínas de pico ainda mais amplamente por toda a população humana".

Um governo que tem sua saúde no coração pararia imediatamente de vacinar

Parece-me óbvio que qualquer governo que realmente tenha a saúde das pessoas no coração declararia uma moratória sobre todas as vacinas Covid neste momento, pelo menos até que mais pesquisas tenham sido feitas em todo o mundo, antes que estas vacinas terminem de fato em um massacre mortal do qual o mundo nunca tinha visto antes.

No entanto, o oposto é verdadeiro. O governo europeu está trabalhando em uma série de emendas (constitucionais) que devem tornar permanente a retirada de nossa liberdade e direito de autodeterminação, bem como preparar o caminho para as vacinações obrigatórias.

Se de fato chegarmos a isso, então provavelmente só podemos concluir que nosso próprio governo se declarou o maior inimigo da saúde pública, e está conscientemente ajudando a realizar um genocídio em potencial. Só podemos esperar que haja políticos e parlamentares suficientes em Bruxelas que (novamente) escutem sua consciência. Vários formuladores de políticas parecem ter perdido definitivamente sua capacidade de fazer isso.

Capítulo 5: Protesto = Terrorismo?

Ninguém quer ouvir, ninguém está autorizado a dizer, mas todos sabem onde isto pode acabar.

Enquanto a Europa caminha a todo vapor para a implementação da discriminação oficial, dividindo a sociedade em pessoas "boas" (testadas/vacinadas) e "más" (não testadas/não vacinadas), a primeira bola está sendo jogada nos EUA para o que é o objetivo final de coisas como passaportes vacinais: a remoção completa das pessoas "más" da sociedade. A conhecida revista Nature publicou um apelo para que a ONU e todos os governos tomem medidas duras para acabar com a "agressão anti-vax". Eis como você, como pessoa não vacinada, logo será visto e tratado: como um terrorista.

O fascismo de maníacos assassinos como Hitler e Stalin está retornando por completo. O pediatra texano Peter Hotez tornou-se um ídolo corona tão extremo que coloca as pessoas que criticam as vacinas em pé de igualdade com os ciber-criminosos e o terrorismo nuclear. Usando uma linguagem de guerra direta, ele apela para uma "contra-ofensiva" dos governos para atacar e silenciar qualquer pessoa que se oponha às vacinas.

A contra-ofensiva contra novas forças destrutivas

Parar a propagação do coronavírus requer uma contra-ofensiva de alto nível contra novas forças destrutivas", escreve Hotez. "Os esforços devem se estender às áreas de segurança cibernética, aplicação da lei, educação pública e relações internacionais. Uma força-tarefa inter-agências de alto nível reportando-se ao secretário geral da ONU poderia fazer um balanço do impacto geral da agressão anti-vacina e propor medidas duras e equilibradas".

Esta força-tarefa deve incluir especialistas que enfrentaram ameaças globais complexas, tais como terrorismo, ataques cibernéticos e armamento nuclear. De fato, a anti-ciência está agora se aproximando de um nível de ameaça semelhante. Está ficando cada vez mais claro que é necessária uma contra-ofensiva para promover as vacinações".

Polícia e militares contra oponentes de vacinas

Hotez fala de "ataques direcionados a cientistas" alegadamente cometidos por anti-vaxxers, mas não cita um único exemplo concreto. Para deter esta "agressão" fictícia, ele defende literalmente ataques direcionados (armados) aos anti-vaxxers. Na verdade, ele quer que o governo use a polícia e o exército para lidar com os críticos e refutadores de vacinas - na realidade, pessoas que se recusam a participar destes experimentos de manipulação de gênero, que, de acordo com estatísticas oficiais da UE, já fizeram um número enorme de vítimas.

Ao colocar este apelo ultrajante, a Natureza, que já estava completamente no bolso da máfia internacional da vacina, que agora está realizando uma monstruosa experiência genocida em toda a humanidade com a ajuda de quase todos os governos, perdeu sua credibilidade de uma vez por todas.

A violência grosseira contra as pessoas "erradas" é considerada ok novamente

A violência grosseira contra homens, mulheres e crianças inocentes é evidentemente considerada ok novamente. Há anos que alertamos contra o retorno e até mesmo a superação das décadas de 1930 e 1940, e agora está acontecendo. Se isto não for impedido, se as pessoas não se levantarem em massa contra este potencial pior crime contra a humanidade, vai acabar irrevogavelmente como aconteceu nos anos 40, ou seja, com "instalações" onde as pessoas "erradas" indesejadas são trancadas e colocadas na prisão para que o resto da sociedade possa se conduzir "com segurança" novamente.

Ou em outras palavras: com campos de concentração.

Enquanto as pessoas continuarem negando que uma repetição desta história horrível é possível, enquanto as pessoas se recusarem a enfrentar os paralelos arrepiantes com a Alemanha nazista, as forças globalistas de vacinação podem continuar sem obstáculos.

Os russos fizeram isso novamente

E "claro" também de acordo com Hotez "os russos" estão por trás de toda a "desinformação vacinal". Então esquecemos por um momento que a Rússia foi uma das primeiras a desenvolver uma vacina e começar a administrá-la a sua população.

Não importa, porque desde o ano passado os meios de comunicação ocidentais também lançaram definitivamente fora seu último fragmento de falsa independência e objetividade, e estão até orgulhosos de funcionar como os órgãos de propaganda do estabelecimento ocidental e do culto globalista da vacina do clima. A propósito, há anos escrevemos que "os russos" serão culpados por quase tudo, e isso tem o propósito de fazer com que você concorde - e até mesmo exija - a planejada Terceira Guerra Mundial contra a Rússia, e muito provavelmente também contra a China.

A humanidade governada por monstros inescrupulosos

Monstros inescrupulosos estão ao leme da humanidade, que, através da obediência cega e da docilidade incondicional, está sendo transformada passo a passo em um monstro igualmente inescrupuloso. Ainda não é tarde demais, mas resta muito pouco tempo para parar os testes obrigatórios e os passaportes de vacinação, seguidos de testes e vacinações obrigatórias, e depois a prisão e eventual remoção dos "errados" não vacinados - aos olhos de Hotez, os novos "terroristas".

Capítulo 6: Supressão do sistema imunológico

Covid-19 é "principalmente uma doença vascular", de acordo com pesquisadores - Circulation Research: A lesão pulmonar é auxiliada pela proteína spike - Seu sistema imunológico está trabalhando contra você para protegê-lo da vacina.

Em uma publicação científica, pesquisadores do famoso Instituto Salk, que foi fundado pelo pioneiro da vacina Jonas Salk, admitem indiretamente que as vacinas Covid induzem coágulos de sangue que ameaçam a vida e prejudicam tanto os vasos sanguíneos quanto o sistema imunológico.

Observamos no início desta semana que um número crescente de cientistas de renome está chegando à opinião de que as vacinas são o maior perigo para a saúde humana.

Milhares de europeus e americanos já pagaram com suas vidas, e centenas de milhares com sua saúde, por sua participação "voluntária" na maior experiência "médica" da história.

No Ocidente, todas as vacinas Covid programam o corpo humano para criar a proteína spike, o elemento mais letal do suposto vírus SARS-CoV-2, com o objetivo de proteger os humanos contra as conseqüências prejudiciais da proteína spike.

Em poucas palavras, fazemos seu corpo fabricar algo prejudicial para que ele gere anticorpos contra esse mesmo perigo, mas não temos idéia de como ou se esse processo alguma vez será interrompido.

Então por que não correr o "risco" de contrair o vírus, que comprovadamente não faz 99,7% da população ficar doente, se é que isso acontece? Não, em 2021, essa linha de raciocínio racional, historicamente incontroversa, é de repente tão antiquada. Não podemos mais confiar em nosso sistema imunológico natural e devemos, em vez disso, confiar no que é administrado através de uma seringa.

A 'Covid-19 é principalmente uma doença vascular', diz o pesquisador.

A indústria de vacinação, os políticos e a mídia continuam a insistir que a proteína do espigão é segura, mas o Instituto Salk estabeleceu agora que não é este o caso. Pelo contrário, os pesquisadores do Salk e outros colegas científicos advertem na publicação "A proteína do pico do novo coronavírus desempenha um papel extra crucial na doença" que a proteína do pico prejudica as células, "confirmando que a Covid-19 é em grande parte uma doença vascular".

Outra proteína de pico que já tirou tantas vidas?

Naturalmente, os cientistas da Salk estão proibidos de criticar diretamente as vacinas. É por isso que, de acordo com seu artigo, a proteína spike produzida pelas vacinas se comporta de maneira bem diferente da proteína spike produzida pelo suposto vírus.

Para começar, isto contradiz as alegações de todos os fabricantes de vacinas de que suas vacinas criam o mesmo pico de proteína. Em segundo lugar, lança dúvidas sobre a eficácia das vacinas, pois se a proteína de pico produzida pelas vacinas difere significativamente daquela produzida pelo vírus, qual é o objetivo da vacinação (assumindo, por enquanto, que estas "vacinas" geneticamente projetadas funcionam de todo)?

Do lado positivo, até mesmo os cientistas pró-vacina aceitam agora que a proteína do pico é responsável por um grande número de mortes e pessoas que sofrem de grandes efeitos colaterais e danos à saúde a longo prazo, muitas vezes permanentes. Em outras palavras, é uma admissão implícita que as vacinas Covid-19 são potencialmente fatais.

A proteína Spike causa lesões pulmonares, segundo pesquisa publicada na Circulation Research.

"A proteína do espigão SRA-Cov-2 prejudica a função endotelial ao inibir a ACE-2", de acordo com um estudo científico publicado na Circulation Research. O interior do coração e os vasos sanguíneos são revestidos com células edoteliais. Ao diminuir os receptores ACE-2, a proteína do espigão "promove lesão pulmonar". As células endoteliais nas artérias sanguíneas são danificadas, e o metabolismo é interrompido como resultado.

Os autores deste estudo também foram pró-vacinação, alegando que "anticorpos gerados pela vacina" podem proteger o corpo contra a proteína do espigão. Essencialmente, a proteína do espigão pode causar danos significativos às células vasculares, e o sistema imunológico pode neutralizar esses danos combatendo a proteína do espigão.

O sistema imunológico está tentando protegê-lo CONTRA a vacina

Em outras palavras, o sistema imunológico humano se esforça para defender o paciente dos efeitos negativos da vacina e das contra-reações, a fim de evitar que o paciente morra. Qualquer pessoa que sobrevive à vacina Covid deve isso à proteção de seu próprio sistema imunológico CONTRA a vacina, e não contra a própria vacina.

A vacinação é a arma', conclui Mike 'Natural News' Adams. Seu sistema imunológico o protege. Todas as vacinas Covid devem ser retiradas do mercado imediatamente e reavaliadas para efeitos negativos a longo prazo com base apenas nesta pesquisa".

De acordo com estatísticas oficiais da VAERS, o número de mortes relacionadas à vacinação nos Estados Unidos em 2021 será quase 4000 por cento maior do que o número total de mortes relacionadas à vacinação em 2020.

A vacina sagrada não é culpada por um ataque cardíaco ou uma hemorragia cerebral.

O seguinte mecanismo foi cientificamente comprovado e está agora estabelecido: as vacinas Covid-19 encorajam seu corpo a fabricar a proteína spike, que pode causar danos vasculares e coágulos sanguíneos, que podem se mover por todo o corpo e terminar em vários órgãos (coração, pulmões, cérebro, etc.). As pessoas que morrem como resultado disto são referidas como tendo tido um "ataque cardíaco", "coágulo de sangue" ou "hemorragia cerebral" - as vacinas sacrossantas podem e nunca devem ser culpadas, não importa quantas evidências existam hoje mostrando que são as principais razões.

Os recipientes das vacinas parecem oferecer um risco aos não vacinados, além da possibilidade de danos permanentes ou mortais para sua própria saúde. Muitos dos "wappies de coroa" que tiveram suas vacinas recentemente foram transformados em fábricas de espigões de caminhada', e agora podem exalar essas proteínas de espigões. Eles podem assim infectar outros através deste processo de 'derramamento'.

As vacinas com armas biológicas foram criadas pela administração do apartheid contra a população negra.

Há muito tempo as vacinas têm sido usadas como armas biológicas contra o público em geral. O governo do Apartheid da África do Sul criou a tecnologia subjacente a tal vacinação "auto-replicativa". Os cientistas estavam desenvolvendo vacinas "raciais" na época, com o objetivo de erradicar grande parte da população negra.

Este ano, a Escola de Saúde Pública Johns Hopkins Bloomberg propôs o uso de uma vacina auto-replicativa para 'vacinar' automaticamente toda a população mundial. Drones e robôs de IA seriam usados posteriormente para reforçar e monitorar o programa.

As pessoas que ainda estão ansiosas para se inscrever em um beco de vacinação para serem geneticamente modificadas para gerar uma proteína potencialmente ameaçadora de vida parecem ter sido completamente enganadas pela mídia e pelos políticos do sistema. Eles ficaram entorpecidos com todos os avisos e montanhas de provas, e não podem acreditar que o mundo está sendo governado por monstros inescrupulosos que não têm escrúpulos em cometer o potencialmente maior genocídio da história humana.

Capítulo 7: Passaportes e fichas

Uma entrevista de 2016 com o executivo sênior do WEF Klaus Schwab, na qual ele prevê que "dentro de 10 anos" um cartão de saúde global obrigatório será adotado, e todos terão microchips implantados, acrescenta à prova que a edição Covid-19 foi cuidadosamente preparada.

Schwab estava trabalhando em um plano há pelo menos cinco anos para criar um enorme surto de vírus e explorá-lo para estabelecer passaportes de saúde e vinculá-los a testes obrigatórios e vacinas, tudo de acordo com a abordagem de solução de problemas e reações. O objetivo é ter controle total sobre toda a população humana do planeta.

Dentro de 10 anos, teremos implantado microchips", disse Schwab há cinco anos.

Em 2016, um entrevistador de língua francesa lhe perguntou: "Estamos falando de chips implantáveis?" "Quando isso vai acontecer?".

Absolutamente nos próximos dez anos', disse Schwab. 'Vamos começar por colocá-los em nossas roupas'. Podemos imaginar a próxima imagem implantando-as em nosso cérebro ou pele'. O capataz do WEF comentou então sobre sua visão do homem e da máquina 'fundindo'.

No futuro, poderemos ser capazes de nos comunicar diretamente entre nossos cérebros e o mundo digital". Observamos uma fusão dos mundos físico, digital e biológico". As pessoas simplesmente terão que pensar em alguém no futuro para ser capaz de alcançá-lo diretamente através da 'nuvem'.

Não haverá mais pessoas biológicas com DNA natural no mundo transhumanista, que finalmente se tornará totalmente "digital". A "nuvem" será usada para armazenar os dados de todos.

A humanidade começou a ser reprogramada geneticamente.

A ordem econômica atual será destruída pelo "Grande Reposicionamento" de Schwab ("Build Back Better"). A iminente fusão financeira será explorada para lançar um novo sistema global baseado apenas em dinheiro e transações digitais. Este novo sistema será conectado com o mundo inteiro graças à tecnologia 5G. Os usuários serão impedidos de "comprar e vender", em outras palavras, da vida social.

No final da década de 2020, as 'vacinas' Covid-19 mRNA começaram a programar e manipular geneticamente a humanidade a fim de torná-la 'apta' a ser primeiramente ligada, depois integrada, a este sistema digital global, que, como você sabe, acredito ser o reino bíblico da 'Besta'.

Estas vacinas de alteração de gênero têm o potencial de eliminar seu livre arbítrio e capacidade de pensar por si mesmo, bem como seu desejo e capacidade de se conectar com o reino espiritual.

Perspectiva Cristã: A humanidade está desligada de Deus

De uma perspectiva cristã, a reprogramação do DNA humano através destas vacinas pode ser vista como a tentativa final de Satanás de separar permanentemente a humanidade de Deus. Esta parece ser a verdadeira explicação para o livro bíblico profético do Apocalipse que adverte que os indivíduos que levam esta "marca" perecerão.

Isto não é simplesmente por causa de um chip e uma sucessão de picaretas; é por causa do que essas picaretas farão com e dentro de você. Como resultado, Deus será incapaz de salvar aqueles cujas mentes (livre arbítrio) foram reprogramadas para a obediência total ("adoração"). Isso exigirá Sua intervenção, pois, caso contrário, a humanidade como um todo estará perdida para sempre.

Os falsos ensinamentos têm cegado uma grande parte do cristianismo.

O aspecto essencial desta trama desonesta, que está nas obras há muito tempo, foi a infiltração do cristianismo com uma série de ensinamentos falsos, com o objetivo de manter os crentes cegos até o fim dos tempos em preparação para o advento e estabelecimento do governo da Besta.

De fato, dezenas a centenas de milhões de cristãos, particularmente no Ocidente, acreditam que nunca terão que viver este período. Mesmo agora, quando a implementação deste sistema já começou, a maioria das pessoas se recusa a aceitá-lo. Com suas opiniões pró-vacinação, a maioria dos partidos e igrejas cristãs estão cooperando abertamente neste "Grande Reposicionamento" para o domínio da "Besta". Em termos teológicos, o Vaticano é o condutor mais poderoso e convencido disto.

Mas fomos enganados!' não é uma desculpa.

Talvez um paralelo bíblico possa ajudar algumas pessoas a entender? Gênesis 3, o conto da criação e a 'Queda', como nos é contada hoje: A serpente persuadiu Adão e Eva de que não lhes era permitido 'comer' a 'maçã', neste caso o signo, ou seja, não a ter picado neles (teste de raiz do 'signo': charagma = arranhão/alguma coisa com uma agulha = picada), mas a serpente os convenceu de que este signo não os condenaria, mas os transformaria em 'deuses'. Depois de serem persuadidos por esta falsidade, suas queixas contra Deus ("mas nos mentiram!") foram fúteis, e eles morreram lenta e dolorosamente. Eles podiam e deviam saber, portanto não tinham nenhuma justificativa.

Aceitar "o sinal", segundo a Bíblia, tem uma conseqüência ainda pior: a morte eterna. Deixar-se modificar geneticamente com vacinas contra mRNA e depois integrar-se a uma rede digital global, renunciando assim a todo controle sobre seu corpo e livre arbítrio, caberá a cada indivíduo decidir se o perigo vale a pena.

Capítulo 8: Não mais liberdade

A Administração Federal de Segurança e Saúde Ocupacional (OSHA) dos EUA está avisando aos empregadores que eles serão responsabilizados por qualquer dano à saúde de seus funcionários se eles forem obrigados a ser vacinados contra a Covid-19. Isto pode se tornar uma questão complicada também na Europa, uma vez que o governo rejeitou antecipadamente toda a responsabilidade governamental e a colocou no prato dos prestadores de serviços de saúde. Se no final nenhuma agência quiser assumir a responsabilidade, então, em vista dos direitos humanos, estas vacinas não podem ser, direta ou indiretamente, uma condição para obter ou ter um emprego, ou acesso a edifícios e eventos, como é agora a intenção.

Se um trabalhador americano for for forçado a ser injetado com estas terapias experimentais do gene mRNA embalado como "vacinas" e for posteriormente cego ou paralisado, ou mesmo morrer, esta lesão será considerada "relacionada ao trabalho", o que tornará seu empregador responsável. As diretrizes também estabelecem que os empregadores são obrigados a registrar (graves) efeitos colaterais e reações adversas após as vacinas Covid em seus empregados.

A nova diretiva da OSHA foi publicada em 20 de abril, e foi uma resposta a empresas e instituições que anunciaram que todos os seus funcionários terão que ser vacinados, como a rede do Hospital Metodista em Houston. Aqueles que recusarem serão primeiro suspensos e depois demitidos.

As vacinas só têm autorização de emergência

Espera-se que esta organização hospitalar e muitos outros empregadores sejam processados se seguirem com estes planos e seus funcionários adoecerem ou morrerem posteriormente. De acordo com o sistema de registro VAERS, quase 200.000 americanos já sofreram danos à saúde devido às vacinas Covid-19, e quase 4.000 já morreram. Quase 20.000 foram gravemente feridos (doenças auto-imunes, paralisia, cegueira, a doença muscular ALS, Creutzfeld-Jakob, Alzheimer, etc.).

Os Médicos Frontline Americanos (AFLDS) advertem que as vacinas - como na Europa - têm apenas uma licença de emergência temporária, e só por essa razão não podem ser impostas a ninguém. A autorização de emergência da US Food & Drug Administration afirma especificamente que os indivíduos devem ter a livre escolha de aceitar ou recusar essas vacinas", explicou LifeSiteNews. Muitos apontam que qualquer demissão por recusa de vacinas prejudica absolutamente sua liberdade necessária".

Entretanto, o Tribunal Europeu de Direitos Humanos recentemente decidiu que as vacinações obrigatórias são legais. Ainda assim, mesmo na Holanda, nenhum trabalhador deve aceitar automaticamente que seu chefe exija a vacinação Covid-19 como condição para manter seu trabalho, ou continuar a fazer o trabalho para o qual você foi contratado.

Capítulo 9: Sem saúde

Alguns médicos são tão doutrinados e aterrorizados que eles mesmos culpam os doentes: "Meu empregador me pressionou muito para ser vacinado".

O Highwire, o programa americano de saúde na Internet de mais rápido crescimento que já tem mais de 75 milhões de telespectadores, recentemente focalizou a atenção em uma tendência preocupante nos EUA que também pode estar ocorrendo em outros países ocidentais. Na verdade, cada vez mais médicos se recusam a tratar pessoas que sofrem de efeitos colaterais graves e reações adversas após a vacinação com uma vacina Covid-19. A razão é óbvia: o establishment político e farmacêutico canonizou efetivamente estas vacinas manipuladas pelo gênero. Se as pessoas ficarem muito doentes ou até mesmo morrerem delas - nos EUA em 2021 já haverá 4000% mais vítimas da vacina do que em todo o ano de 2020 de todas as outras vacinas combinadas - então as instruções são que a culpa não pode e não deve ser da vacina. Os médicos que, no entanto, observam isto devem temer por seus empregos e carreiras.

Alguns médicos são tão doutrinados que eles mesmos culpam os doentes. Eles chamam as pessoas que sofrem graves efeitos colaterais após a vacinação de pacientes com um "distúrbio de conversão", com medo de colocar em seu prontuário que a vacina é a causa provável. (Ou, em outras palavras, "volte para casa, pequena senhora, porque está entre seus ouvidos").

Em 4 de janeiro, fui colocado sob grande pressão por meu empregador para ser vacinado", disse-me Shawn Skelton. Depois que ela cumpriu, ela experimentou imediatamente efeitos colaterais, tais como leves sintomas semelhantes aos da gripe. Mas, no final do dia, minhas pernas estavam doendo tanto que eu não aguentava mais. Quando acordei no dia seguinte, minha língua estava tremendo, e depois ficou cada vez pior. No dia seguinte, tive convulsões por todo o meu corpo. Isso durou 13 dias'.

Demasiado medo de nos tratar", dizem eles.

Um médico me disse que o diagnóstico era: 'Eu não sei o que há de errado com você, portanto culpamos você'", disse outro. Skelton elaborou. Os médicos simplesmente não sabem como lidar com os efeitos negativos da vacina contra o mRNA. Eu também acredito que eles estão aterrorizados com isso. Não sei por que nenhum médico quer nos ajudar".

Dois outros profissionais de saúde, Angelia Desselle e Kristi Simmonds tiveram experiências semelhantes. Elas também sofreram convulsões, e seus médicos também se recusaram a tratá-las. Um neurologista rejeitou a indicação por e-mail de Desselle para ele. Ele era um especialista em distúrbios do movimento, o que eu achei que precisava. Meu médico de cuidados primários disse que parecia que eu tinha Parkinson avançado. Mas ele respondeu por e-mail que tinha tarefas muito complexas, e não podia me ver naquela época".

Como outros médicos também mantiveram a porta fechada para ela, ela foi a um neurologista sem mencionar que havia sido vacinada contra a Covid-19. Eu não queria ser mandada embora novamente. Mas está em meu prontuário médico, então quando olhou para ele, disse: "Então você tomou a vacina? E eu disse 'sim, mas eu não queria lhe dar essa informação porque preciso de ajuda'. Agora ela está finalmente recebendo tratamento para seus ataques de enxaqueca.
Na Europa, os médicos de clínica geral e especialistas estão sujeitos a regulamentações rigorosas.

Não sabemos se os médicos de clínica geral na Europa também se recusam a tratar pacientes vacinados que ficam indispostos. Eles estão, entretanto, proibidos de prescrever medicamentos comprovadamente eficazes e seguros a (suspeitos) pacientes corona, tais como hidroxicloroquina e Ivermectina. Nada deve ameaçar o programa de vacinação em massa "santo" - recuperação: programa de engenharia genética, afinal de contas.

Na Europa, os médicos de clínica geral e especialistas estão sujeitos a regulamentações rigorosas.

Não sabemos se os médicos de clínica geral na Europa também se recusam a tratar pacientes vacinados que ficam indispostos. Eles estão, entretanto, proibidos de prescrever medicamentos comprovadamente eficazes e seguros a (suspeitos) pacientes corona, tais como hidroxicloroquina e Ivermectina. Nada deve ameaçar o programa de vacinação em massa "santo" - recuperação: programa de engenharia genética, afinal de contas.

No início deste ano, o governo colocou qualquer responsabilidade pelas conseqüências das vacinações Covid sobre os ombros dos profissionais de saúde e das pessoas que são vacinadas com eles. Portanto, não é inconcebível que os profissionais de saúde e especialistas na Europa estejam relutantes em reconhecer, quanto mais tratar, as vítimas da vacinação como tal.

Capítulo 10: Atreva-se a falar

A vacinação durante uma pandemia era anteriormente considerada "impensável" na ciência - até o ano passado. Foi iniciada uma investigação sobre os riscos crescentes de infecção e morte entre as pessoas vacinadas.

As vacinas globais em massa contra o Covid-19 são "impensáveis", "inaceitáveis" e um "erro histórico", segundo Luc Montagnier, um virologista francês que ganhou o Prêmio Nobel em 2008 por ter descoberto o HIV. As vacinas são a causa das "variantes", e os indivíduos morrem devido à doença como resultado delas.

Isto não é um tremendo descuido? Foi tanto um erro científico quanto um erro médico. Montagnier observou em uma entrevista traduzida publicada na última terça-feira pela RAIR Foundation USA: "É um erro terrível". "Isto será documentado nos livros de história porque as mutações são causadas pela vacinação".

Muitos epidemiologistas estão cientes disso, mas permanecem em silêncio sobre o assunto, mesmo quando se trata de questões bem conhecidas como 'melhoramento dependente do corpo': 'São os anticorpos do vírus que permitem que a doença piore', declarou Montagnier no início deste mês em uma entrevista com Pierre Barnérias da Hold-Up Media.

Embora as variantes (mutações) se desenvolvam naturalmente (mas virtualmente sempre se tornam menos letais e, portanto, menos perigosas), as vacinações Covid são agora os principais motores deste processo. Qual é a função do vírus? Ele vai morrer ou vai encontrar outra forma? As novas variações são claramente formadas como resultado da intervenção de certos anticorpos".

A vacinação durante pandemias era considerada 'impensável' na ciência até o ano passado.

A vacinação durante uma pandemia era antes considerada "impensável" na ciência, pois ficou provado que aumentava a quantidade de indivíduos doentes e de mortes. As vacinações produziram e resultaram em novas variações. Isso é algo que se vê em todos os países; é o mesmo em todos os lugares. Vacinações causam mortalidade em todos os países'.

Dados do Institute for Health Metrics and Evaluation da Universidade de Washington foram utilizados em um vídeo para destacar como o número de mortes aumenta substancialmente em todos os países onde as imunizações foram implementadas. Montagnier citou dados oficiais da OMS mostrando que desde que as imunizações foram iniciadas em janeiro, não apenas o número de mortes, mas também o número de novas infecções e pessoas doentes aumentou drasticamente, "particularmente entre os jovens".

49

Infecções e mortalidade após as vacinas estão sendo estudadas.

A trombose (coágulos de sangue) é uma das razões pelas quais numerosos países deixaram de usar a vacina AstraZeneca, de acordo com o ganhador do Prêmio Nobel. Ele também está trabalhando em um estudo sobre pessoas que adoecem com o coronavírus depois de serem vacinadas. Segundo o CDC, pelo menos 5.800 americanos tinham sido afetados pelo vírus até abril; 396 deles foram hospitalizados, e 74 morreram.

"Demonstrarei que eles estão desenvolvendo variações resistentes à vacina". Montagnier fez manchetes em abril de 2020 quando disse que o vírus SARS-CoV-2 tinha que ter sido criado em um laboratório. "A presença de elementos HIV e germes da malária no genoma do coronavírus é particularmente suspeita". Estas características do vírus não poderiam ter se desenvolvido espontaneamente". Em julho de 2020, ele publicou um estudo que apoiou sua idéia.

Existe um esquema de eutanásia em massa na obra?

O argumento de que as vacinas Covid-19 são mais parecidas com um programa de eutanásia em câmera lenta, que poderia resultar em genocídio aberto em uma escala sem precedentes a curto e médio prazo, parece cada vez mais justificado. As pessoas que foram vacinadas recentemente e afirmam que "nada as incomoda" esquecem que os danos (graves) da

vacinação podem levar semanas, meses, ou até anos
para se manifestarem.

Como o vírus ainda não foi isolado em nenhuma parte
do mundo, alguns acreditam que o "novo coronavírus"
é apenas um esquema massivo projetado para injetar
pessoas com esta terapia genética experimental. Como
resultado, as bases estão sendo lançadas para uma
plataforma de programação transhumana de RNA-DNA
que pode alterar, controlar ou aleijar
permanentemente qualquer pessoa que tenha recebido
estas vacinas.

Capítulo 11: Mandato de veneno

"Risco de intoxicação por gás fosgênio letal".

Os ingredientes da "vacina" Moderna Covid-19 foram liberados pelo Departamento de Saúde de Connecticut. De acordo com a bula, esta vacina contém "SM-102", que é "não aceitável para uso humano ou animal", de acordo com o fabricante. O produtor, Cayman Chemical Company, disse à OSHA que esta substância química produz 'envenenamento agudo' e é 'fatal em contato com a pele'. Com exposição prolongada ou repetida, o SM-102 "danifica o sistema nervoso central, os rins, o fígado e o sistema respiratório".

Em resumo, as pessoas que recebem esta vacina podem ficar envenenadas. Apesar disso, os esforços do governo e da mídia continuam a promover a segurança das vacinações.

A lista completa de ingredientes do Departamento de Saúde de Connecticut pode ser acessada on-line (arquivo aqui) (Natural News espelha o formulário de triagem pré-vacinação - V20, e a lista de ingredientes da vacina Covid-19 e o cronograma de proteína spike).

As diretrizes do governo para as instalações de saúde afirmam ainda mais que o risco de choque anafilático das vacinações é tão alto que todos os locais de vacinação devem ter em mãos medicamentos de resposta adversa severa. Perda de consciência, desorientação, confusão, fraqueza, diarréia, náuseas, vômitos, visão em túnel, ver flashes de luz, problemas auditivos e perda auditiva estão entre os muitos efeitos colaterais relatados. (E isto para um vírus que é completamente inofensivo para 99,7% da população).

SM-102

Após publicar estas informações, Hal Turner recebeu inúmeros e-mails de pessoas afirmando que as advertências SM-102 se aplicam apenas ao clorofórmio, não à vacinação Covid da Moderna. O SM-102 é o terceiro elemento mais prevalente na lista de ingredientes da 'vacina' Moderna, e é o componente, de acordo com a Cayman Chemical Company'.

"Intoxicação por gás fosgênio mortal

O clorofórmio, como qualquer outro químico, se degrada. Quando entra em contato com o oxigênio, ele se decompõe em gás fosgênio', que é um 'gás muito venenoso (uma mistura de monóxido de carbono e cloro) que se liquefaz a +8 graus', de acordo com o Dicionário Van Dale Large. Com apenas 7 partes por milhão, ele é fatal (7 partes por milhão).

"Como resultado, todos que recebem esta injeção podem adquirir clorofórmio, que pode então se decompor em gás fosgênio à medida que este circula por seus corpos". Algumas, talvez muitas, pessoas podem atingir um limiar mortal de gás fosgênio em seu corpo e morrer como resultado, possivelmente dentro de 180 dias após sua segunda dose".

O envenenamento por fosgênio pode potencialmente levar à formação de uma embolia pulmonar. Os pulmões do paciente se enchem de líquido, impossibilitando que ele ou ela respire - exatamente o que ocorreu com os graves portadores de Covid-19 no ano passado, colocando-os no hospital e necessitando de suporte de vida.

"Que técnica engenhosa para despovoar o mundo - ninguém percebe".

Uma vez que essas pessoas caem no chão como moscas, as mesmas pessoas que nos deram a vacina podem facilmente culpá-la por uma variação da Covid', concluiu Turner. 'Quão trágico eles morreram em conseqüência desta mutação, da qual a vacina não conseguiu protegê-los'. Seria este o caso da "negação plausível" de um assassinato em massa? Tome sua própria decisão". (Ou está sendo usada para forçar mais uma vacina no público).

Turner conclui, "Que método fantástico para despovoar o mundo". "Ninguém nota porque as mortes e a picada ocorrem durante um longo período de tempo, e os sintomas do gás fosgênio são idênticos aos do Covid".

A história de Turner foi rapidamente rotulada como "desinformação" pelo Facebook "fact checker"

Leadstories.com. Como estes tipos de "verificadores de fatos" têm sido uma importante fonte de desinformação repetidamente desde o ano passado, e parecem ter sido criados apenas para dar um "selo de aprovação" à falsa propaganda da mídia, isto significa quase automaticamente que pode haver um grande núcleo de verdade nele em 2021.

Folheto sem conteúdo

Uma enfermeira havia previamente fornecido à Turner imagens da embalagem obrigatória que será incluída nas embalagens de vacinação Moderna. Quando vi isto, fiquei horrorizado", disse o profissional de saúde. Você pode me dizer onde está a lista de ingredientes?' Na verdade, ela acabou ficando absolutamente em branco. 'Não há nada que eu tenha atirado em um paciente que se pareça com isso'. Eles estão cientes do conteúdo'.

Quando se trata de folhetos informativos, você conhece um único indivíduo vacinado que recebeu ou baixou e leu um antes do "jab"? Os alimentos devem conter uma longa lista de ingredientes ou eles não serão vendidos. O mesmo pode ser dito para a maioria dos medicamentos e bens de consumo comuns. Então, por que, de todas as coisas, existe uma exceção para as vacinas? Por que se torna tão difícil para você aprender o que está injetando em seu corpo e as conseqüências potenciais?

Você compraria sopa com o rótulo "Saberemos se os ingredientes estão seguros em três anos"?

Os defensores da vacinação ainda se recusariam a
considerar se lessem a horrível bula da vacina
AstraZeneca/Vaxzevria, que diz "Contém um adenovírus
geneticamente modificado derivado de chimpanzé
produzido em células renais embrionárias humanas". Os
GVOs (organismos geneticamente modificados) estão
presentes neste produto". ('Uma dose única (0,5 ml)
compreende pelo menos 250 milhões de unidades
infecciosas de adenovírus de chimpanzé, que codifica a
glicoproteína spike SRA-CoV-2 ChAdOx1-S.')

E a realidade a preto e branco de que a eficácia,
estabilidade e segurança da vacina não precisa ser
mostrada claramente até 31 de maio de 2022? Isso não
é até 31 de março de 2024, ou TRÊS ANOS a partir de
agora, para os velhos e doentes crônicos (pg.16). O que
fariam os adeptos da vacinação se fossem à mercearia
para comprar uma lata de sopa e vissem no rótulo que
não se saberia se os componentes daquela sopa eram
seguros para sua saúde por mais um ano ou três? Eles
não decidiriam então: "Não vamos fazer isso por um
pouco, vamos tomar outra coisa"?

Capítulo 12: Sangue tóxico

Por enquanto, a Cruz Vermelha no Japão e na Bélgica não aceita doações de sangue de ninguém que tenha sido vacinado contra a Covid-19. De acordo com Jeffrey Kingston, chefe dos estudos asiáticos na Universidade de Temple, o Japão não esqueceu a crise dos anos 80, quando o governo aprovou o uso de sangue de doador infectado pelo HIV. Isto aconteceu apesar do fato de que já se sabia que o aquecimento poderia matar partículas do vírus no sangue.

Apenas 2% dos japoneses ainda estão totalmente vacinados - recuperação: terapia de manipulação de genes, em comparação com 35% nos Estados Unidos. O governo japonês, segundo Kingston, não é apenas burocrático, mas também cauteloso. Há um típico período de espera para a doação de sangue após outras imunizações. Isto é 24 horas para influenza, cólera e tétano, 2 semanas para hepatite B, e 4 semanas para sarampo, papeira e rubéola.

Por enquanto, a Cruz Vermelha belga não aceita doações de pessoas que foram vacinadas.

A Cruz Vermelha Americana permite às pessoas que tiveram vacinas mRNA corona doar sangue da mesma forma que é permitido às pessoas que foram infectadas pelo coronavírus. Não conseguimos descobrir nada a respeito de doações de sangue no site da Cruz

Vermelha, por isso achamos que elas podem continuar sem limitações.

Até hoje, nenhum vírus respiratório foi provado ser transmissível através do sangue, incluindo coronavírus e o vírus da gripe. Como resultado, dar e receber sangue é sem risco', de acordo com o site da Cruz Vermelha belga.

No entanto, ao contrário da vacina habitual contra a gripe, você será momentaneamente incapaz de dar depois de ter uma vacina corona". O período de tempo depende da marca e se você tem sintomas após receber a vacina". (Itálico acrescentado) Quais são os sinais e sintomas de? Com certeza, se você tiver sido vacinado, você está seguro? Estas imunizações não são "comprovadamente seguras"?

Capítulo 13: A Índia está se desmoronando

Milhões de índios se lavam nos esgotos abertos do rio Ganges, onde dezenas de corpos são agora descobertos todos os dias.

O número de mortes devidas ao Covid-19 a cada dia aumentou de menos de 100 em janeiro para mais de 4.500 em maio desde que a Índia iniciou sua campanha de vacinação. A clara ligação entre imunizações e o autismo não é mais discutível. Tenha também em mente o aviso do diretor da RIVM, Jaap van Dissel, do final do ano passado, quando ele antecipou que as imunizações "poderiam inicialmente aumentar a mortalidade". E isso é exatamente o que está acontecendo em muitas nações, incluindo a Índia em grande escala.

Centenas de mortos são descobertos no Ganges todos os dias. Milhares de índios morrem diariamente de doenças como tuberculose, febre tifóide, malária, cólera e gripe, como resultado das circunstâncias sanitárias e nutricionais ainda pobres do país.

As pessoas que teriam recebido Covid-19 parecem ser mais suscetíveis à mucormicose e ao tifo esfoliante de infecções fúngicas outrora raras, que atormentam a fraqueza do sistema imunológico. O tifo esfoliante afeta cerca de 1 milhão de asiáticos a cada ano, mas a principal ameaça é a tuberculose (resistente a drogas),

que afeta 2,8 milhões de índios a cada ano e mata
435.000.

**O número de mortes dispara após o início das
imunizações, passando de menos de 100 por dia para
mais de 4500 por dia.**

Mais de 186 milhões de índios foram imunizados com a
vacina Covid-19 desde janeiro. A Índia estava se saindo
muito bem antes do início da campanha de vacinação.
O número médio de mortes ligadas à Covid aumentou
de bem menos de 100 nos primeiros três meses do
bloqueio global para aproximadamente 1000 em
setembro e outubro de 2020, antes de diminuir de volta
para muito menos de 100 em janeiro.

Em seguida, as imunizações foram implementadas e o
número de mortos disparou para 1500 por dia em abril
e quase 4500 em maio. De fato, 3532 variantes Covid
estão atualmente circulando na Índia, todas elas
surgiram quase imediatamente após o início das
vacinas.

Como isso é possível quando dois terços da população
já desenvolveram anticorpos, de acordo com uma
empresa privada de testes? Em abril, a revista Nature
fez a mesma pergunta. Por que hoje morrem 45 vezes
mais pessoas de repente, se as imunizações já estavam
protegendo tantas pessoas contra o Covid-19? Isso
poderia ser devido ao ADE (Antibody Dependent
Enhancement), que foi advertido por vários cientistas e

especialistas, e que poderia se tornar um problema na Holanda no outono, quando a corona e outros vírus respiratórios retornarem?

"As pessoas que foram vacinadas são mais suscetíveis a doenças e infecções graves".

As vacinas não só envenenam os sistemas das pessoas, tornando-as mais suscetíveis a consequências infecciosas (interferência do vírus), mas também levam o sistema imunológico a falhar se for reexposto a mutações 'vivas' do coronavírus (ADE)", diz Mike 'Natural Adams'.

De acordo com Adams, pesquisas clínicas indicaram que as vacinas Covid-19 tornaram os receptores mais vulneráveis a doenças mais graves. O grande número de pacientes que sofreram efeitos adversos destas vacinas, inclusive como cansaço, febre, problemas de colheita, letargia, paralisia, coágulos de sangue, etc., é prova de que elas induzem doenças significativas, enfraquecendo ainda mais o sistema imunológico.

Armas biológicas de auto-imunidade

Um amplo programa de vacinação poderia encorajar os coronavírus a evoluir ainda mais rapidamente, resultando no aumento da mudança da proteína Spike e, como resultado, a criação de novas variedades. A variedade B.1.617.2 espalhada na Índia, de acordo com cientistas britânicos, é 50% mais contagiosa". A propósito, esta é uma ocorrência comum; a mudança de vírus sempre se torna mais contagiosa, mas quase sempre se torna menos letal. No entanto, graças às vacinas, desta vez poderia ser diferente, como o banho de sangue na Índia parece implicar.

Além disso, essas vacinas atuam como armas biológicas auto-imunes, levando o corpo das pessoas a fabricar proteínas Spike, que podem ser liberadas no meio ambiente e levar à rápida evolução das partículas do vírus infeccioso. Depois disso, os não vacinados são expostos a uma variedade de proteínas Spike dos vacinados. Isto poderia explicar porque o número de mortes na Índia subitamente disparou, e porque os corpos estão se lavando em massa ao longo das margens do Ganges".

Capítulo 14: A próxima pandemia?

O Fórum Econômico Mundial, assim como a Organização Mundial da Saúde, surgiu como um dos mais veementes inimigos da liberdade e da humanidade.

Ataque cibernético planejado (bandeira falsa) do WEF para desestabilizar o sistema financeiro entre agosto de 2021 e março de 2022 - O próximo "vírus assassino" será o SARS-3, que já foi produzido em um laboratório italiano, ou SPARS?

A elite do poder global é tão capacitada por 90% da devoção servil e ingênua ingenuidade da população que nenhum esforço é feito para esconder a realidade de que um grande cenário planejado e predeterminado está realmente sendo promulgado.

O Diretor da OMS Tedros Adhanom Ghebreyesus, um comunista comprometido, está agora proclamando abertamente a próxima pandemia, que será "mais contagiosa e letal" do que a Covid-19, como você deve saber. As empresas farmacêuticas estão esfregando as palmas das mãos e já começaram a preparar e testar a próxima série de vacinas.

Não se engane, esta não é a última vez que o mundo enfrenta uma ameaça pandêmica", disse Tedros à Assembléia Geral da ONU de 194 ministros da saúde dos Estados membros. É uma certeza evolucionária que outro vírus surgirá que é muito mais contagioso e letal do que este".

A 'certeza evolutiva' foi um eufemismo para 'isto é o que nós, como o Covid-19, temos desenvolvido e planejado cuidadosamente em colaboração com o Fórum Econômico Mundial'. Talvez o outro vírus seja o SPARS, sobre o qual escrevemos no início deste ano e que deveria ter chegado em (cerca de) 2025? Será o SARS-3, que já foi produzido em uma instalação italiana e que pode ser divulgado ao público em geral a qualquer momento?

"O número de mortos está caindo, mas ainda não estamos fora de perigo".

Naturalmente, o chefe da OMS teve que declarar que o número de casos e mortes de Covid-19 vinha diminuindo constantemente nas últimas três semanas. Fazê-lo de outra forma deixaria muito claro que as imunizações estão tendo o efeito exatamente oposto em lugares como a Índia. Desde que as vacinas começaram, o número de mortes diárias subiu de 100 para quase 4500 a cada dia. As diretrizes para o teste de PCR muito usado foram "secretamente" modificadas em janeiro, ostensivamente para fazer as imunizações parecerem bem sucedidas.

As vacinas estão agora sendo avaliadas.

As empresas farmacêuticas, que viram como a vacinação pode ser rentável durante uma pandemia durante o último ano, já estão trabalhando em novas vacinações. Na última segunda-feira, a Bloomberg informou que a GlaxoSmithKline (juntamente com a parceira Sanofi) está trabalhando na próxima geração de vacinações Covid. De acordo com Roger Connor, chefe do desenvolvimento de vacinas, uma sessão experimental com uma nova vacina em mais de 37.000 pacientes começará já na próxima semana.

É necessário colocar a população de joelhos.

Agora é seguro dizer que a ordem globalista estabelecida, liderada pelo Fórum Econômico Mundial, as Nações Unidas, a Organização Mundial da Saúde, o Fundo Monetário Internacional, a União Européia e a aliança Gavi, e apoiada por quase todos os partidos políticos, lançou um ataque frontal contra a humanidade. Como devem saber, a Fase 2 desta pandemia já foi anunciada: um (falsa bandeira) ataque cibernético ao sistema financeiro ocidental (falido), bem como possivelmente ao fornecimento de energia, com o objetivo de colocar a população de joelhos e forçá-la a aceitar a "Grande Reposição" comunista ("Build Back Better"), ou a "Quarta Revolução Industrial" no âmbito da Agenda 21/2030 da ONU, sem resistência.

O WEF tem realizado simulações, semelhantes à simulação da pandemia de Corona em outubro de 2019 ("Evento 201"), para ver a melhor maneira de realizar tal ataque cibernético, que cortará a população de suas contas bancárias, possivelmente a Internet, e possivelmente até (partes de) seu suprimento de energia (e, portanto, transporte e suprimento de alimentos) por dias - talvez semanas - e como tirar o máximo proveito das conseqüências esperadas.

De acordo com Armstrong, o recente ataque cibernético ao Gasoduto Colonial nos Estados Unidos, que foi alegadamente bloqueado por hackers e depois liberado depois de pagar uma taxa de extorsão de US$ 5 milhões, também foi um teste para ver se o ataque cibernético planejado ao sistema financeiro poderia ser realizado desta forma. Agora eles podem argumentar que o malware é lucrativo e que todo o globo está em risco". Esse é o cenário mais provável neste momento'.

"Esta ameaça parece ser motivada pelo desejo de completar a Grande Reposição". Covid estava grosseiramente inflado, e aqueles por trás dos modelos falsos que foram usados para aplanar a economia global, estão fazendo muito para evitar a inflação deste perigo cibernético. A pergunta agora é, quando eles farão isso? Será este ano ou no próximo?

Capítulo 15: Controle total?

Os primeiros componentes necessários para transformar toda a raça humana em tecno-escravos totais já estão sendo amplamente distribuídos.

Ondas de rádio e campos magnéticos podem ser usados para tornar o cérebro e as células nervosas sensíveis - o controle do comportamento humano em locais com radiação particular está se tornando uma realidade.

Pesquisadores nos Estados Unidos criaram uma proteína magnética que pode ser usada para estimular células cerebrais rapidamente (e vice versa). Esta nova técnica pode ser usada para regular as áreas do cérebro responsáveis pelo comportamento complicado.

Como o desenvolvimento da proteína Spike é importante para a vacinação do mRNA contra o coronavírus, é fácil prever que no futuro, este tipo de vacina incluirá outro "programa" que desenvolve uma proteína destinada a obter controle externo sobre nosso comportamento e pensamentos.

A Optogenética está sendo gradualmente eliminada em favor da quimiogenética.

A Optogenética é a abordagem mais poderosa. Os pulsos de luz laser podem ser usados para ligar ou desligar clusters de neurônios associados. A quimiogenética é uma nova abordagem que foi criada recentemente. Isto funciona ativando proteínas personalizadas com "produtos farmacêuticos de design" (medicamentos, vacinas) que podem ser direcionados a certos tipos de células.

O lado negativo da optogenética é que ela requer a introdução de fios de fibra óptica no cérebro, que só podem penetrar no tecido até uma quantidade limitada. A quimiogenética usa reações biológicas para ativar as células nervosas em questão de segundos. Não é mais necessário "abrir" o cérebro com esta nova abordagem.

Projeto Magneto

Pesquisas anteriores mostraram que o calor das células nervosas e as proteínas ativadas por pressão mecânica podem ser geneticamente modificadas para se tornarem sensíveis a ondas de rádio e campos magnéticos. A anexação de uma partícula (para)magnética a elas, bem como pequenas seqüências de DNA, consegue isso. Este método já foi utilizado para controlar os níveis de glicose no sangue dos ratos.

Em uma experiência de laboratório, descobriu-se que a proteína 'Magneto' criada era capaz de ser absorvida por células renais humanas. A proteína foi então acionada usando um campo magnético. O 'Magneto' foi então colocado no genoma de um vírus, juntamente com uma proteína verde fluorescente e seqüências de DNA que visam exclusivamente tipos específicos de neurônios, em um teste subseqüente. Depois disso, o vírus foi entregue ao cérebro de camundongos. O magneto foi ativado ali usando um campo magnético, fazendo com que as células (do cérebro) criassem impulsos nervosos particulares.

Depois foi a vez dos ratos que podiam se movimentar livremente. Magneto foi injetado na região do cérebro que controla a motivação e a recompensa (neurônios dopaminérgicos). Os ratos eram então separados em grupos e colocados em uma sala onde alguns eram expostos a um campo magnético enquanto outros não.

Descobriu-se que os ratos Magneto passavam significativamente mais tempo na área magnética porque os neurônios dopaminérgicos em seus cérebros estavam engajados, dando-lhes uma sensação de recompensa quando estavam lá. Isto demonstrou que o comportamento complicado pode ser controlado e até mesmo dirigido empregando neurônios Magneto localizados nas profundezas do cérebro.

Steve Ramirez, um neurologista de Harvard, está extasiado com a nova estratégia. Este método consiste em um único e belo vírus que pode ser injetado em qualquer parte do cérebro", diz o pesquisador. Para alterar o comportamento dos animais (e depois dos seres humanos?), eles precisavam apenas ser expostos a um campo magnético.

**Controlar seu comportamento em uma área afetada
pela radiação está se tornando mais viável.**

Agora que no ano 2021 os seres humanos estão tendo
instruções genéticas (mRNA) injetadas em seus sistemas
sob o pretexto de "vacinas" para produzir uma proteína
(a proteína Spike), o próximo passo é adicionar OUTRAS
instruções a esses tipos de vacinas. Em um discurso de
2017, a CMO da Moderna delineou como o mRNA pode
ser usado para editar o DNA das pessoas, fazendo do
mRNA "vacinas" uma plataforma através da qual os
seres humanos podem ser programados.

E parece que isto é exatamente o que será feito, com
proteínas que mudarão seu comportamento quando
você estiver em uma área com certas radiações
chegando em breve (como 5G). Até que seja um fato
consumado, a grande mídia certamente não a chamará
de "teoria da conspiração" ou "desinformação".
Protestar então se torna sem sentido, pois
provavelmente você não será capaz ou não estará
disposto a fazê-lo devido a esta nova tecnologia.

Como resultado, quando o CEO do WEF Klaus Schwab
declarou no ano passado que você "não terá nada e
será feliz" até 2030 (mas talvez muito mais cedo), ele
estava muito sério. Você será, de fato, difícil de ser feliz,
não importa quais sejam as circunstâncias. Algumas
pessoas parecem impacientes em entregar sua
humanidade, seu pensamento independente e até
mesmo sua "alma" para se tornarem escravos do

sistema sem vontade, programados, controlados e geridos digitalmente.

Capítulo 16: Mascarar as ovelhas

Os cientistas acreditam que as máscaras faciais usadas pelo público em geral representam um risco de infecção - Por mais de um século, todas as experiências pandêmicas demonstraram que as máscaras faciais não funcionam no combate aos vírus e são ineficazes como proteção.

Recentemente, a grande mídia lançou triunfantemente um estudo provando que os protetores bucais são eficazes. Entretanto, um breve olhar sobre o comissário do estudo revelou tudo: o Instituto Max Planck, que é substancialmente apoiado pelo governo alemão e pela União Européia. O que hoje é considerado "ciência" será quase certamente "cujo pão você come..." em 2020 e 2021.

Como resultado, não podemos mais antecipar conclusões imparciais ou críticas destes tipos de pesquisadores "nós do WC duck..."; em vez disso, eles se deixam explorar, tal como no passado, para carimbar os programas governamentais com aprovação. De fato, um recente e abrangente meta-estudo alemão concluiu que os protetores bucais não só são ineficazes como também perigosos para a saúde.

Após uma hora de leitura no site do Instituto Max Planck, é evidente que os institutos e cientistas ligados a eles são como duas mãos em uma luva quando se trata de lidar com o governo. Não há notas críticas, e não há um único estudo que contradiga as afirmações das autoridades, nem mesmo marginalmente. Também lemos um pedido para fazer mais para combater as vozes anti-vacinas, como bani-las da Internet, a fim de torná-las mais "democráticas"...

A Inquisição voltou com outro nome

A Igreja Católica politicamente poderosa arrastou Galileu Galilei perante a Inquisição no início do século XVII porque, como Copérnico no século XVI, ele afirmou que a Terra, como os outros planetas, gira em torno do sol (a visão de mundo heliocêntrica), e que nós não somos o centro do universo (a visão de mundo geocêntrica). Para "provar" que ele estava errado, várias teses "científicas" e "científicas" e teológicas foram citadas. Somente em 1992 o então Papa João Paulo II pediu desculpas, e o Vaticano limpou seu nome.

Os protetores bucais são ineficazes e (muito) perigosos para a saúde, de acordo com uma metástase.

No entanto, ainda há aqueles cientistas que não venderam suas almas para o diabo. Por exemplo, um recente meta-estudo alemão confirmou o que é conhecido há mais de um século: os protetores bucais são ineficazes e prejudiciais à saúde. Vinte e duas das 44 pesquisas científicas que descobriram efeitos prejudiciais substanciais dos protetores bucais foram publicadas em 2020, e vinte e dois desses estudos foram publicados sob o título Covid-19. Houve 31 estudos experimentais e 13 estudos observacionais no total. Os conhecidos protetores bucais azuis e máscaras bucais N95 atraíram 68% da atenção.

Exaustão, confusão e doença são causadas pelo aumento da dificuldade respiratória, freqüência cardíaca e pressão sanguínea.

O uso de tampas bucais cirúrgicas (azuis) por trabalhadores saudáveis da saúde (18 a 40 anos) causa efeitos físicos mensuráveis com aumento dos valores de CO_2 transcutâneos (através da pele) e mudanças significativas na composição do sangue após apenas 30 minutos, de acordo com um estudo cruzado randomizado publicado em 2005. O aumento considerável de CO_2 "respirando de volta" causa aumento da resistência respiratória, exigindo que o corpo exerça quantidades crescentes de esforço, bem como um grande aumento no ritmo cardíaco.

Os efeitos negativos podem parecer menores no início, mas o uso regular de protetores bucais aumenta a carga física. De acordo com o aviso, os protetores bucais devem ter impactos relevantes para a doença a longo prazo. Pressão alta, arteriosclerose, doença cardíaca (síndrome metabólica) e doenças neurológicas são apenas alguns dos efeitos colaterais inevitáveis do uso de máscaras bucais a longo prazo.

Mesmo um pequeno aumento de CO_2 no ar inalado causa dores de cabeça, problemas respiratórios (asma), pressão arterial elevada e freqüência cardíaca, o que causa danos aos vasos sanguíneos e, finalmente, distúrbios neuropatológicos e cardiovasculares. Apenas um ligeiro aumento da pressão respiratória durante um longo período de tempo tem efeito semelhante. Níveis elevados de CO2 são especialmente perigosos para mulheres grávidas porque prejudicam o suprimento de sangue da placenta.

Ataques de pânico, hiperventilação, dificuldades cognitivas e dores de cabeça são todos sintomas de estresse.

Foi estabelecido, sem dúvida razoável, que os protetores bucais causam danos significativos e, a longo prazo, duradouros à saúde. O hormônio do estresse norepinefrina é liberado muito instantaneamente pelo cérebro humano em resposta aos baixos níveis de oxigênio e ao ligeiro aumento do consumo de CO2. O nível de CO2 precisa ser de apenas 5% para produzir um ataque de pânico em 15 a 16 minutos, de acordo com experimentos de provocação respiratória. A concentração usual de CO2 no ar exalado é de cerca de 4%.

As tampas bucais são contraindicadas para epilépticos, de acordo com neurologistas dos Estados Unidos, do Reino Unido e de Israel, uma vez que podem causar hiperventilação. De fato, o uso de protetor bucal pode aumentar sua taxa de respiração em 15% a 20%.

75

O uso de bocais fez com que 71,4% dos 343 funcionários de saúde em Nova York experimentassem sintomas físicos (doença) reconhecidos. Pior ainda, 28% tinham problemas crônicos de saúde para os quais precisavam de medicação.

No contexto do Covid-19, todas as variedades de protetores bucais foram avaliadas em profundidade em 2020. Conclusão: Após apenas 100 minutos, eles criam graves problemas de pensamento e concentração, que são produzidos diretamente pela diminuição do conteúdo de oxigênio no sangue. Outro estudo descobriu que os protetores bucais são diretamente responsáveis por mais da metade das dores de cabeça sentidas pelos usuários de protetores bucais.

Infecções e condições de pele

Como as tampas bucais cobrem o trato respiratório, a temperatura corporal aumenta e a umidade aumenta, alterando drasticamente o habitat natural da pele. Muitas pessoas têm a pele vermelha, com prurido e seca, bem como a produção excessiva de sebo (acne). Ela agrava e prolonga os distúrbios cutâneos, tornando as pessoas mais suscetíveis a infecções. Isto porque tanto o protetor bucal azul quanto o N95 permitem que germes, fungos e vírus se multipliquem rapidamente dentro e fora dos protetores bucais (que ficam saturados após apenas 10-15 minutos e depois não funcionam mais de qualquer maneira).

A pele do seu rosto não deve permanecer escondida por longos períodos de tempo. Um grande número de pessoas terá problemas de pele indesejáveis agora que é necessário fazê-lo de qualquer forma.

Danos psicológicos significativos, particularmente entre as crianças

Os danos psicológicos foram documentados, além das numerosas repercussões físicas e da diminuição substancial da qualidade de vida - porque mesmo as atividades diárias regulares, como comer, beber e conversar, são muito afetadas. Os protetores bucais causam uma sensação de perda de liberdade e autonomia (que pode muito bem ser o objetivo da exigência de uso), o que pode levar à raiva reprimida e à distração contínua inconsciente, especialmente porque os protetores bucais são frequentemente impostos por outros.

Os protetores bucais comprometem os direitos humanos básicos como a integridade pessoal, o direito à autodeterminação e a autonomia, além de causar desconforto e resultar na perda de certas habilidades psicomotoras, cognitivas e mentais, bem como reduzir a reatividade. Os protetores bucais são especialmente prejudiciais às crianças, que muitas vezes experimentam preocupação e tensão como resultado delas. Muitos jovens ficam indispostos e infelizes, recuam e se envolvem menos na vida. (Uma geração

inteira de jovens e adolescentes tem sido assim
severamente prejudicada).

**A mídia, tanto agora como no passado, tem
desempenhado um papel muito prejudicial.**

Os sentimentos depressivos são generalizados, com
50% dos usuários de saúde bucal pesquisados
experimentando-os. A preocupação é exacerbada pelas
reportagens frequentemente exageradas e unilaterais
da grande mídia. Apenas 38% da cobertura da mídia
sobre a pandemia do Ébola em 2014 continha fatos
científicos, e 42% (significativamente) exageraram o
perigo, de acordo com uma pesquisa. Um chocante 72%
das peças da mídia foram projetadas para fazer com
que os telespectadores se sentissem pior sobre sua
saúde.

Ainda não temos números difíceis, mas acreditamos
que até 2020, apenas 10% da cobertura jornalística
conterá qualquer fato científico, e 90% (seriamente) irá
(falsificar) o perigo do coronavírus. E, com algumas
exceções, todos os principais meios de comunicação
foram e são culpados de inculcar sentimentos de medo
e incerteza 24 horas por dia, 7 dias por semana.

**Os protetores bucais são um símbolo de pseudo-
solidariedade e conformidade".**

Segundo os cientistas em um dos trabalhos analisados,
os protetores bucais se tornaram "um símbolo de

conformidade e pseudo-solidaridade". A OMS, por exemplo, enfatiza exclusivamente os "benefícios" ostensivos do uso de protetores bucais e tenta criar nos usuários a (falsa) crença de que eles estão ajudando a combater um vírus.

Meta-estudo: 'Os efeitos potencialmente drásticos e indesejáveis observados em campos multidisciplinares ressaltam o escopo geral das decisões globais de introduzir protetores bucais... De acordo com a literatura, existem consequências indesejáveis inequívocas e cientificamente fundamentadas para os usuários de protetores bucais, tanto físicas como psicológicas e sociais".

"Não há provas científicas de que o vírus tenha sido erradicado".

Nem a OMS, o ECDC (Centro Europeu de Prevenção e Controle de Doenças), nem os institutos nacionais (como o RIVM) provaram com dados científicos bem fundamentados uma conseqüência positiva dos protetores bucais para a população (no sentido de uma redução da disseminação do Covid-19)", diz o severo julgamento dos protetores bucais.

As autoridades sanitárias nacionais e internacionais impuseram seus julgamentos teóricos aos protetores bucais à sociedade, ao contrário do padrão cientificamente estabelecido da medicina baseada em evidências, embora o uso obrigatório de protetores bucais crie uma sensação enganosa de segurança".

"Os protetores bucais usados pelo público em geral representam um risco de infecção".

Do ponto de vista da epidemiologia infecciosa, o uso regular de protetores bucais expõe os usuários ao perigo de auto-contaminação tanto por dentro como por fora (dos protetores bucais), bem como através de mãos contaminadas. Além disso, o ar exalado faz com que os protetores bucais fiquem saturados, permitindo que produtos químicos causadores de infecções se juntem no interior. Esta tendência pode ser evidenciada pelo notável aumento de rinovírus no RKI (Instituto Nacional Alemão de Saúde Pública e Meio Ambiente) pesquisa Sentinel a partir de 2020".

Os protetores bucais usados pelo público são considerados pelos cientistas um risco de infecção, uma vez que as regras de higiene padronizadas nos hospitais não podem ser seguidas pela sociedade". Além disso, o "ter que falar mais alto sob um protetor bucal leva a um aumento da produção de aerossóis (o efeito de atomização)" (que pode ser medido a até 20 metros de distância, e que automaticamente torna completamente inútil todo o distanciamento social, já que os protetores bucais ficam assim saturados após apenas 10 - 15 minutos e não funcionam mais de qualquer forma. E quem substitui seu protetor bucal a cada 10 minutos?).

Os protetores bucais não ajudam em nenhuma epidemia moderna.

Os protetores bucais de uso diário não conseguiram alcançar os resultados esperados na luta contra infecções virais durante as pandemias de influenza de 1918-1919, 1957-1958, 1968, 2002, e com a SARS 2004-2005, bem como a influenza de 2009 (gripe suína).

As experiências motivaram estudos científicos, que concluíram em 2009 que o uso diário de protetores bucais não tem efeito antiviral substancial. Mesmo mais tarde, cientistas e institutos determinaram que os protetores bucais eram ineficazes na proteção dos usuários contra infecções respiratórias virais. Os protetores bucais cirúrgicos, mesmo quando utilizados em hospitais, carecem de provas sólidas de prevenção de vírus".

Como sempre, nenhum benefício favorável em infecções ou doenças foi detectado em uma comparação prática entre a Suécia e Belarus, por um lado, e o resto da Europa, assim como os Estados Unidos (entre os estados com e sem protetores bucais obrigatórios).

Capítulo 17: Vítimas da vacina

Milhares de mortes evitáveis devido à Covid, e milhares já devido às vacinas" - a Índia interrompe a explosão da morte após as vacinas contra Ivermectin e hidroxicloroquina - Poderia ser o mesmo aqui com as mesmas imunizações se tais procedimentos forem usados na América?

O professor Dr. Peter McCullough, uma das maiores autoridades mundiais sobre o tratamento do Covid-19, acusou o governo dos EUA de esconder "números inimagináveis" de vítimas da vacina em uma entrevista.

Este é exatamente o cenário que temos previsto há quase um ano: as vacinas produzem um número enorme de novas baixas, que são então atribuídas a uma variação da Covid ou alguma outra causa de morte, como é mais provável que seja o caso, por exemplo, da Índia. Seria este também o caso aqui, se tais técnicas já estão sendo usadas nos Estados Unidos para persuadir o maior número possível de pessoas a tomar estas "vacinas"?

Agora estamos sendo controlados pela mesma elite de poder (WEF, ONU/OMS, Gavi/Gates, Big Pharma).

Com o sistema de registro de vacinação VAERS nos Estados Unidos, o número de mortes por vacinação relatadas está se aproximando de 5000, subindo de aproximadamente 1% para um máximo de 10% do número real no passado. Até 15 de maio, cerca de 11.500 indivíduos foram feridos na UE, com mais de 630.000 indivíduos feridos em ambos os lados do Atlântico e mais dezenas de milhares de pessoas permanentemente doentes ou incapacitadas. Como o número de vítimas de vacinas é milhares de vezes maior do que todas as outras vacinas combinadas, geralmente é necessário um estudo detalhado.

Um medicamento é normalmente retirado do mercado após 50 mortes.

Qualquer droga nova com cinco mortes inexplicáveis recebe um aviso de 'caixa preta', e então você ouve nas notícias que esta droga pode matá-lo', explicou McCullough. E depois de 50 mortes, ela é retirada do mercado', diz o autor.

Durante a pandemia da gripe suína de 1976, os EUA procuraram vacinar 55 milhões de pessoas, mas o esforço foi interrompido após a morte de 25 pessoas e 500 pessoas ficaram aleijadas como resultado da vacina.

Agora acontece exatamente o contrário tanto na América como na Europa: quanto mais o número de vítimas aumenta, mais as autoridades exercem pressão sobre a população a ser vacinada. E tudo isso com substâncias que só foram aprovadas provisoriamente, e cujos produtores só terão que provar que estão "seguros" dentro de alguns anos.

Seria impossível para os médicos do serviço público certificar que as mortes não foram causadas por imunizações em tão curto período de tempo".

Os números são mesmo falsificados de propósito, de acordo com o estimado acadêmico. No final de março, haviam ocorrido 2.602 mortes relacionadas à vacinação nos Estados Unidos. A FDA disse então que 1600 mortes haviam sido "investigadas" por médicos anônimos do governo, que haviam chegado à conclusão de que nenhuma dessas pessoas havia morrido como resultado da vacina.

Isso foi perturbador", disse McCullough. Ele sabe por sua própria experiência que normalmente leva meses para concluir tal investigação, não apenas alguns dias ou semanas. Eu fui presidente e participei de dezenas de conselhos de monitoramento de segurança... e posso lhe dizer que não há como que médicos desconhecidos da função pública sem qualquer experiência com o Covid-19 possam determinar que nenhuma dessas mortes foi devida à vacina".

Muito mais pessoas estão morrendo na atualidade.

Como apenas 1% a 10% das mortes por vacinas são relatadas historicamente, conforme validado por um estudo de Harvard, muito mais pessoas morrerão na atualidade do que são relatadas nas estimativas oficiais, e certamente não 0.

Como apenas 1% a 10% das mortes por vacinas são relatadas historicamente, conforme validado por um estudo de Harvard, muito mais pessoas morrerão na atualidade do que são relatadas nas estimativas oficiais, e certamente não 0.

Compare isso com a vacinação contra a gripe. Anualmente, os VAERS relatam 20-30 mortes, de 195 milhões de vacinações. Com o Covid-19, os EUA já estavam com 2602 mortes em 77 milhões de vacinações, de longe o maior número de vacinas em toda a história. Apesar disso, nem um político ou jornalista estabelecido na mídia de massa está exigindo uma investigação independente. Pior ainda, os poucos que o fazem são imediatamente estigmatizados e insultados.

"Estima-se que 85% de todas as vidas perdidas poderiam ter sido salvas".

O especialista Covid pensa que os milhares de mortos (cerca de 16000 na UE e nos EUA em meados de maio, certamente pelo menos mais 1000 a 2000 até agora) e centenas de milhares de doentes e feridos continuarão indefinidamente. Além disso, ele disse perante o Senado dos Estados Unidos em 19 de novembro de 2020, que "acreditamos agora que até 85% das vidas perdidas podem ter sido salvas com um regime multi-drogas".

No entanto, aqueles medicamentos comprovadamente eficazes e seguros são estritamente proibidos na América, Europa e Holanda para aplicar aos (presumidos) pacientes Covid-19. os clínicos gerais podem ser multados em 150.000 euros se prescreverem Ivermectin.

O governo está completamente no saco das instituições controladas pela Big Pharma e Bill Gates, como a OMS, e decidiu desde o início que somente uma vacina pode trazer "salvação".

A Índia usa Ivermectin e HCQ para acabar com o índice de mortalidade.

A Índia começou a empregar Ivermectin e hidroxicloroquina, muito contra os interesses da OMS e da Big Pharma (HCQ). Como resultado, o enorme aumento do número de mortes após a introdução das vacinas chegou ao fim.

Foi dito aos principais meios de comunicação que não publicassem nenhuma crítica sobre as vacinas.

Por outro lado, foi dito a todos os meios de comunicação que retratassem esses medicamentos de forma negativa e que não publicassem (quase) nenhuma reportagem crítica sobre vacinas. Eles até mesmo geram intencionalmente a maior ansiedade possível na Europa, a pedido do governo.

Esta censura flagrante e corrupção total da mídia recai sobre a Trusted News Initiative, na qual participam não apenas os gigantes da mídia social como Facebook, Google/YouTube e Twitter, mas também as principais agências de notícias AP, Reuters e AFP, assim como a BBC, CBC, EBU (European Broadcasting Union), Microsoft e o Washington Post. Fatos sobre o lado obscuro das vacinas experimentais de terapia gênica devem ser chamados de "desinformação perigosa" pela grande mídia.

Como isso resulta em tantas mortes evitáveis, como isso pode ser rotulado como qualquer outra coisa além do fascismo médico ou mesmo do terrorismo médico?

Se os cidadãos recebessem "qualquer tipo de notícia honesta e equilibrada sobre segurança", concluiu McCullough, "eles simplesmente não tomariam esta vacina". A Trusted News Initiative é realmente preocupante, pois atualmente estamos passando por um número recorde de mortes, que está aumentando a cada dia".

O governo e a Big Pharma têm uma conexão simbiótica.

O renomado médico alegou que o governo e a Big Pharma têm uma relação incestuosa, que proíbe que organizações reguladoras como a OMS sejam capazes, dispostas ou capazes de emitir um julgamento objetivo. Os Institutos Nacionais Americanos de Saúde, por exemplo, é um co-proprietário da patente Moderna.

Como resultado, o governo tem um incentivo financeiro para vender e administrar tantas vacinas quantas forem viáveis.

Os poucos médicos, cientistas e outros profissionais que ouvem sua consciência geralmente têm muito medo de falar pelo nome. Compreensivelmente, porque de outra forma desde o ano passado não é apenas o fim imediato da licença ou o fim da carreira, mas você também é arrastado pela lama e em alguns casos até mesmo processado e/ou intimidado pelo mesmo governo.

"Nunca descobrimos o verdadeiro número de vítimas".

De acordo com uma recente avaliação de 500 residentes de lares realizada por um médico de Kansas City, 22 idosos morreram dentro de 48 horas após terem recebido uma vacina da Pfizer. Não posso provar que a vacina os matou a todos, mas posso mostrar que os matou a todos dentro de 48 horas. Eles só têm que ser monitorados por 15 minutos, de acordo com as diretrizes, para que nunca possamos ver os números reais. É difícil provar se isso acontece depois desses 15 minutos. Que Deus nos ajude se a FDA autorizar isso.

Um corajoso médico canadense entrou em campo. O Dr. Charles Hoffe quebrou com uma proibição do governo de falar, dizendo que "a vacina Moderna matou e incapacitou pacientes".

**"O governo nunca esteve interessado em tratar
pessoas doentes".**

De acordo com McCullough, o governo tinha pouco
interesse em tratar pessoas doentes (com
medicamentos), mas em vez disso adotou rapidamente
a agenda da OMS (apenas distanciamento social,
protetores bucais, lockdowns, testes e espera por
vacinações).

Ele descreve uma estratégia em quatro etapas em seu
documento "A Guide for Home-Based Covid-19
Treatment": A Step-by-Step Doctor's Plan That Could
Save Your Life" (dezembro de 2020), onde o pilar mais
importante, o tratamento e cura de pacientes Covid-19
com medicamentos comprovados e seguros, tem
estado completamente ausente das políticas públicas.
Ele acredita que, como resultado, dezenas de milhares
de pessoas morreram desnecessariamente somente nos
Estados Unidos.

No ano passado, o acadêmico francês Christian
Perronne, que tem uma longa e ilustre carreira,
escreveu um livro com o título provocativo "Existe um
erro que eles não cometeram?". - Covid-19: O sagrado
casamento de incompetência e arrogância". Segundo
ele, se os pacientes corona tivessem sido tratados com
zinco, hidroxicloroquina/quercetina, vitaminas C e D, e
azitromicina desde o início (especialmente como
medida preventiva), teria havido poucas mortes e

25.000 franceses (80% do número de mortos na época) ainda estariam vivos hoje.

Capítulo 18: A humanidade está encolhendo

A Terra ainda é incrivelmente árida: há poucos indícios de civilização humana visíveis do espaço. - Em Nova York, todas as pessoas do planeta caberão em edifícios de um andar". - "Ter filhos deveria ser na verdade um dever da sociedade", diz um executivo Tesla que se concentra na programação de RNA e DNA humano.

Elon Musk, o CEO da Tesla, é conhecido por fazer declarações que contradizem a imagem globalista da "Nova Ordem Mundial". Em um discurso recente, ele declarou que nosso maior desafio em 20 anos será a subpopulação, e não a superpopulação. Dissemos anteriormente que, ao contrário da suposição comum, a Terra tem espaço, comida, energia e riquezas mais do que suficientes para sustentar pelo menos três vezes mais pessoas em uma existência próspera. O mais rápido possível. A verdadeira fonte de nossa maior preocupação é a elite do poder global, que está fazendo tudo o que é possível para eliminar o maior número possível de pessoas, mantendo-as empobrecidas, doentes, famintas e, portanto, controláveis.

Quero enfatizar que o maior problema em 20 anos é o colapso da população, não uma explosão". Ele dá como exemplo simples alguém que lança uma bomba de um avião em algum lugar da Terra de forma aleatória. 'Com que freqüência você atinge alguém então? De fato, nunca. Todos os tipos de coisas caem na Terra do

91

espaço o tempo todo. Meteoritos naturais, peças de foguetes antigos, mas ninguém se preocupa com isso". **"Ter filhos deve ser considerado quase como uma obrigação social".**

"Todas as pessoas do planeta poderiam caber em um andar em Nova York". Os outros andares são desnecessários'. De acordo com Musk, estamos tão dispersos pelo mundo que mal somos visíveis do espaço. Devemos ser cautelosos com o colapso da população'. Uma baixa taxa de natalidade é um grande perigo'. Ele adverte que, como resultado, nossa cultura pode perecer. 'Isso seria uma conclusão deprimente'. A idade média seria extremamente alta, e os jovens seriam forçados a cuidar dos idosos como escravos'.

"Creio que, em certa medida, as pessoas devem começar a considerar ter filhos como uma obrigação cívica. Caso contrário, a humanidade perecerá". Muito literalmente. Riqueza, educação e religião estão todas inversamente ligadas à taxa de natalidade. Quanto mais devota uma pessoa é, mais filhos ela tem". Será "como se alguém matasse metade da (futura) população" dentro de algumas décadas. Alguma coisa precisa ser virada ao contrário'.

"Tão rapidamente quanto possível, devemos abandonar os combustíveis fósseis".

O Musk está, é claro, totalmente comprometido com a missão de "sustentabilidade" verde como criador e

92

produtor de carros eletrônicos. Ele está otimista com isso, pois sente que a China também está liderando o caminho nesta área, tendo já produzido metade dos veículos elétricos do mundo. Ele acredita que o mundo deve fazer a transição dos combustíveis fósseis o mais rápido possível para a energia solar, eólica e hídrica "sustentável", bem como para a energia nuclear em algumas situações.

O homem da frente Tesla diz que o petróleo, o gás e o carvão estão se esgotando rapidamente, mas esquece que isto tem sido gritado por quase 50 anos, e novas reservas estão sendo constantemente descobertas que podem fornecer à humanidade energia barata por pelo menos mais um século, e provavelmente até mesmo por muitos séculos.

Por que existem impostos sobre o CO2?

Ele também argumenta que a sociedade não está sendo cobrada pelo preço total dos combustíveis fósseis e das emissões de CO2. Como resultado, ele advoga por pesados impostos globais sobre o CO2.

Também aqui ele esquece algo importante, a saber, que em uma escala de tempo geológica ainda há muito pouco CO2 na atmosfera (cerca de 450 ppm), e que apesar de todas as emissões de CO2 humano (que está apenas uma porcentagem de muito atrás do ponto decimal). Além disso, todas as evidências geológicas mostram que os níveis de CO2 só aumentam após o aumento da temperatura, e não o contrário, como tem sido afirmado por tanto tempo. Esta mentira é mantida para que a população concorde com impostos cada vez mais altos e para cortar seu fornecimento de energia barata.

Mesmo se as necessidades energéticas da humanidade parassem de aumentar, nosso planeta não tem superfície terrestre suficiente para construir moinhos de vento e parques solares suficientes. Sem mencionar a gigantesca carga de aço e metais raros que seriam necessários, além do fato de que especialmente os moinhos de vento têm uma vida útil extremamente curta (máx. 20 anos, a prática mostra que os primeiros moinhos falham após apenas alguns anos. A limpeza dos moinhos de vento quebrados também é um processo muito caro).

O RNA sintético e o DNA são usados para programar pessoas.

O Musk também é um forte apoiador do ARN e DNA programável (sintético), que as vacinas Covid-19 já injetaram em uma enorme parcela da população mundial. Isso me faz lembrar de um programa de computador". Se você quiser, provavelmente pode parar e reverter o processo de envelhecimento com ele".

Mostramos que os objetivos reais de criar humanos "programáveis" são muito mais sinistros, e parecem visar principalmente o controle totalitário da população e do comportamento, e a redução massiva da população.

No entanto, é bom ouvir por uma vez um conhecido alto executivo que tem uma visão positiva da humanidade, algo que certamente não pode ser dito da seita globalista de vacinas contra o clima liderada por Klaus Schwab e Bill Gates.

Nossos outros livros

Confira nossos outros livros para outras notícias não relatadas, fatos expostos e verdades desmascaradas, e muito mais.

Junte-se ao exclusivo Rebel Press Media Circle!

Você receberá uma nova atualização sobre a realidade não relatada, entregue em sua caixa de entrada todas as sextas-feiras.

Inscreva-se aqui hoje:

https://campsite.bio/rebelpressmedia